ORDRE DES AVOCATS
AU
BARREAU DE LILLE

Conférence du Stage

SÉANCE SOLENNELLE DE RENTRÉE
du 5 Novembre 1923

LILLE
—
Imprimerie L. Danel
1924

ORDRE DES AVOCATS
AU
BARREAU DE LILLE

Conférence du Stage

SÉANCE SOLENNELLE DE RENTRÉE
du 5 Novembre 1923

LILLE
—
IMPRIMERIE L. DANEL
1924

ORDRE DES AVOCATS
au
BARREAU DE LILLE

Conférence du Stage

Séance Solennelle de Rentrée
du 5 Novembre 1923

Le 5 Novembre 1923, à 17 heures, a eu lieu, au Palais de Justice, dans la Salle de la 1re Chambre, la Séance Solennelle de rentrée de la Conférence du Stage.

A cette séance, que présidait Monsieur le Bâtonnier Balavoine, entouré des Membres du Conseil, assistaient MM. Pennelier, Président du Tribunal Civil, Fieffé, Procureur de la République, Crépy, Président du Tribunal de Commerce, Godart, Vice-Président du Tribunal Civil, Régnier, Président du Conseil de Préfecture, Delalé, Président au Tribunal des Dommages de Guerre, Dejamme, Conseiller Honoraire, Lefort, Président de la Chambre des Avoués, et presque tous les Avocats du barreau de Lille.

S'étaient excusés de ne pouvoir assister à la Séance : M. Leray, Vice-Président du Tribunal Civil, et M. Chataigner, Président du Tribunal des Dommages de Guerre.

Les quatre secrétaires de la Conférence occupaient les sièges qui leur étaient réservés de chaque côté du Conseil.

Après avoir déclaré la Séance ouverte et invité Messieurs les anciens Bâtonniers à se grouper autour du Conseil, M. le Bâtonnier donne la parole à Me René OLIVIER, Secrétaire du Conseil de l'Ordre, pour lecture de la délibération prise à la suite du Concours du Secrétariat de la Conférence pour l'année judiciaire 1923-1924.

Ladite délibération, en date du 15 Juin 1923, est ainsi conçue :

« Le Conseil, appelé à statuer sur les résultats du Concours pour le Secrétariat de la Conférence :

» Attendu que ce concours a été particulièrement brillant ; que les divers orateurs entendus ont fait preuve d'une réelle connaissance du droit, jointe à un talent d'exposition qui donne pour un avenir prochain les plus grandes espérances ;

» Décide qu'à titre exceptionnel seront désignés pour l'année 1923-1924 :

» 1[rs] Secrétaires ex-æquo : MM[es] J. BRACKERS D'HUGO et P. THELLIER,

» 2me Secrétaire : Me J. CAILLE,

» 3me Secrétaire : Me M. GAMELIN. »

Cette lecture faite, M. le Bâtonnier remercie les personnalités qui ont bien voulu honorer de leur présence cette Séance Solennelle de Rentrée, et donne successivement la parole à MM[es] THELLIER et BRACKERS D'HUGO, premiers Secrétaires de la Conférence.

Un discours est ensuite prononcé par M. le Bâtonnier BALAVOINE.

Ci-après sont in extenso reproduits ces trois discours.

Puis, après avoir rappelé que les travaux de la Conférence du Stage reprendront le jeudi 12 Novembre 1923, à 17 heures 30, M. le Bâtonnier déclare la Séance Solennelle levée.

DISCOURS DE M^E^ THELLIER

Premier Secrétaire de la Conférence.

Monsieur le Bâtonnier,

Messieurs,

Le 20 Février 1921, le Barreau de Lille magnifiait la mémoire de ceux de ses membres tombés au Champ d'Honneur. Dans un touchant et pieux hommage d'admiration et de gratitude, les Avocats, les Avoués et les Magistrats du siège communiaient d'idées et de sentiments, aux côtés du Bâtonnier Bataille, qui les avait réunis pour « pleurer, honorer et exalter ceux qui avaient rêvé de consacrer au service du Droit leur intelligence, leur savoir et tout leur cœur, et qui, dans l'enthousiasme de leur jeunesse, étaient allés jusqu'au bout d'un devoir qui, pour quelques-uns, hélas ! avait été la suprême immolation » !.

Ce devoir du souvenir une fois rempli, votre résolution paraissait être d'oublier les horreurs que vous aviez vécues. Vous saviez que la guerre avait semé trop de deuils, causé trop de dommages et engendré trop de misères, pour ne pas vous efforcer d'abstraire de votre mémoire et, si possible, de votre vie, la tâche marquée par les années héroïques.

Le temps avait donc estompé les rigueurs de ces souvenirs et, doucement, lentement, vous laissiez s'abaisser le voile de l'oubli, comme pour lui demander de masquer l'effusion du sang et l'amoncellement des ruines... Et la vie reprenait, et vos habitudes renaissaient et vous retrouviez vos travaux du Palais, ces travaux d'autrefois, dans la bienfaisante et réconfortante illusion qu'il ne s'était rien passé.

Mais voici que, sans attendre le recul de l'Histoire, vous permettez à l'un de vos stagiaires de relever un coin de ce voile, de rappeler ce que fut, à Lille, la vie de notre famille judiciaire pendant l'occupation, d'évoquer les difficultés et les audaces, de saluer les dévouements et les mérites.

Seriez-vous donc victimes de la fatale nostalgie du passé ? Des dernières années, qui nous retiennent invinciblement par leur grandeur et par leurs sacrifices, ne pourriez vous détourner votre regard et votre esprit ? Ou bien plutôt, n'avez vous point voulu, à cette réunion de famille, imiter ce qui se passe dans nos foyers, au cours des longues soirées d'hiver, où, serrés les uns contre les autres, devant un âtre qui flamboie, les vieux aiment à raconter et les jeunes à entendre les événements du temps jadis, des temps héroïques, avec leurs beautés, et leurs joies et leurs douleurs ?

*
* *

Lorsqu'après les incertitudes des premières semaines de la guerre, la menace de l'invasion se précisa, nos juristes étaient fondés à n'éprouver aucune inquiétude sur le sort des habitants des territoires occupés par l'ennemi ; les monuments du droit public paraissaient garantir les droits de l'envahi.

En effet, si, dans l'antiquité, la réduction en esclavage était une conséquence directe, nécessaire, normale de l'occupation, si même, plus tard, le belligérant pouvait encore méconnaître la personnalité juridique des citoyens ennemis, qui tombaient sous sa domination, au point de considérer personnes et biens comme autant de « res nullius », la morale sociale, la morale internationale, après dix siècles de civilisation, avaient évolué.

Mancini, d'accord en cela avec l'auteur de l'Esprit des Lois, avait, en 1851, proclamé la doctrine de la personnalité du droit, et l'attention des jurisconsultes, comme celle des législateurs, s'était tournée vers l'établissement du statut juridique des nationalités envahies. La guerre, cauchemar éternel des nations et des peuples, la guerre que, de longtemps chacun sentait inévitable, devait avoir sur la personne et les propriétés de l'adversaire malheureux de telles répercussions que les Congrès internationaux se multipliaient pour s'efforcer d'en limiter les redoutables conséquences. Avec cet empressement que nous avons toujours mis à saluer les idées et les institutions généreuses, nous avions applaudi à la signature de la Convention Internationale de La Haye, sauvegarde de nos droits et de nos libertés essentielles. L'article 43 de la Convention de 1907 disposait, en effet, « que l'autorité du pouvoir légal ayant passé de fait aux mains de l'occupant, celui-ci doit prendre toutes les mesures qui dépendent de lui, en vue de rétablir et d'assurer, autant qu'il lui est possible, l'ordre et la vie publique, en respectant, sauf empêchement absolu, les lois en vigueur dans le pays. » L'empereur d'Allemagne avait apposé sa signature au bas de ce traité, et la loyauté du peuple français voulait se convaincre de la sincérité et de la bonne foi de notre cosignataire. La France ne pensait plus à l'ambition ni aux rêves d'hégémonie de l'empire germanique ; elle oubliait que la Littérature, la Philosophie et la Science Allemandes ne tendaient qu'à porter à son paroxysme l'orgueil de la « mauvaise nation » ; la France oubliait le discours de FICHTE, où il était érigé en symbole que « la guerre, étant le retour à l'état de nature, elle ne comporte, pour atteindre sa forme idéale et son but divin, ni sensibilité, ni pitié, ni humanité ».

Les Allemands s'étaient, d'ailleurs, ingéniés à faciliter notre conviction. Dans une publication de la section historique de leur Grand État Major, parue en 1902, sur « Les lois de la guerre continentale » — mes citations seront extraites de l'intéressante et utile traduction qu'en fit notre distingué Confrère et ancien Bâtonnier, Me Paul CARPENTIER — ils écrivaient que « l'habitant du pays est comme un homme pourvu de droits « Rechtssubjekt » et que, si la puissance ennemie a le droit de se substituer à la juridiction ordinaire pour appliquer les lois de la guerre, l'envahi peut, pour le surplus, vivre à l'abri des vexations et, comme en temps de paix, sous la protection des lois ». L'Allemand s'engageait par là à ne point toucher à l'autonomie de notre législation, à ne pas entraver le cours de notre justice, à ne porter aucune atteinte à l'indépendance de nos magistrats ni aux règles fondamentales de l'Ordre des Avocats.

Mais la guerre nous réservait un pénible réveil à l'évidence de la théorie nouvelle du « chiffon de papier » et, si, dans le message du 15 Octobre 1914, le Général major WAHNSCHAFFE proclamait à la population de Lille « son désir de voir la police garder ses fonctions », nous verrons dans quelles étroites et imprécises limites, sous quel contrôle — j'allais dire, sous quelles injonctions — il lui a permis de les exercer.

*
* *

L'autorité allemande avait écrit, dans les publications du Grand État Major que « les juridictions civiles et pénales demeuraient en vigueur ».

Dès la prise de Maubeuge, elle installait, dans la ville conquise, en violation de notre Constitution et de nos lois, un tribunal chargé de rendre la justice civile et pénale. Elle se réservait même la désignation des membres et précisait les prérogatives de cette juridiction extra légale.

La Cour d'Appel de Douai déclara nulles et de nul effet toutes les décisions ainsi rendues. Son arrêt fut considéré comme un crime de lèse-majesté qui lui valut l'interdiction de siéger et de juger ; il fut, pour ses membres ainsi que pour le Barreau de Douai, le début d'une longue et meurtrière série de déportations et de rigueurs.

Notre Palais fut plus heureux ; on y continua à rendre les jugements « Au nom du peuple français ». La vitalité du Tribunal ne faiblit point, et nos confrères plaidèrent régulièrement devant la Chambre Civile, devant le Tribunal Correctionnel et devant le Tribunal pour enfants et adolescents.

*
* *

M. Godart, Vice-Président, présidait la deuxième chambre. Il était assisté de MM. Dejamme, Dufaÿ et Massart, ces deux derniers réunissant en eux la double qualité de juges suppléants et d'avocats inscrits, chose rare aujourd'hui, mais jadis fréquente et qui marquait l'intime union de la magistrature et du barreau.

Dans les minutes du Greffe, nous ne rencontrons certes pas de ces jugements sensationnels sur d'importantes questions de principe comme il s'en débat en temps de paix. A peine relève-t-on quelques différends en matière de loyers et de réparations, ainsi que de très rares divorces. Le Tribunal eut cependant l'occasion de statuer plusieurs fois en matière de moratorium. Si la loi organique, qui instituait le pouvoir discrétionnaire du gouvernement, avait été promulguée dans les circonscriptions ensuite envahies de l'Arrondissement de Lille, les multiples décrets, les décrets successivement et automatiquement renouvelés n'y parvenaient point, du moins constitutionnellement, par l'arrivée du Journal Officiel à la Préfecture. Les justices de Paix furent naturellement saisies les premières. Par un jugement très motivé du 19 Juillet 1915, la deuxième chambre fixa sa jurisprudence. Elle le fit à l'occasion d'une instance en paiement de loyers. L'assigné déclinait la compétence du Tribunal, arguant de ces décrets en date des 1 et 27 Septembre 1914. Le Tribunal se déclara compétent ; « Attendu, disait-il, qu'aucun texte de cette nature n'a été promulgué dans l'arrondissement, conformément à l'article 2 du décret du 5 Novembre 1870, que les documents produits par le demandeur et empruntés aux journaux étrangers que la censure de l'occupant a laissé introduire ne peuvent équivaloir à la publication légale. » Cette jurisprudence fut confirmée, de nombreuses fois, dans la suite. Nous la retrouvons notamment dans un jugement du 5 Mars 1917, qui se base sur le motif « que les dispositions exceptionnelles de l'article 6 du décret du 1er Septembre 1914, à l'occasion du moratorium établi par le pouvoir exécutif ont cessé d'être en vigueur et que le droit commun a repris son empire, à défaut de promulgation régulière ».

*
* *

Mais, si le rôle des audiences publiques était peu chargé, il en était autrement en matière de référé et de Chambre du Conseil.

M. le Président Godart rendit de nombreuses ordonnances de nomination de sequestres, d'envois en possession, de revendications et d'expulsions. Les sinistrés et les victimes des réquisitions allemandes vinrent souvent lui demander de désigner un technicien chargé d'évaluer le dommage subi par l'immeuble et la valeur des marchandises volées, constat de prudence, qui, prévoyant une loi future de justice et de solidarité nationale, devait faciliter au plaideur d'après guerre les justifications que l'Administration lui réclamerait devant les juridictions de dommages de guerre.

Spécialement, à la date du 5 Juin 1916, le Maire de Lille, après l'incendie de l'Hôtel de Ville, assigna en référé les trente-deux Compagnies d'Assurances qui couvraient l'immeuble et un expert fut nommé pour chiffrer le dommage, sans avoir à préciser des responsabilités trop nettement établies.

Les référés se firent plus nombreux encore en 1917 et 1918. Nous savons l'encombrement de nos prétoires, dès la délivrance de la Cité, par le développement considérable que prit cette procédure d'urgence. Il fallait remettre de l'ordre partout, et surtout dans les maisons dont le légitime occupeur avait été trop souvent chassé. Les locataires d'avant-guerre désiraient rentrer chez eux ; mais les usagers de la période de guerre n'étaient pas désireux de sortir ; ce furent donc les innombrables et banales ordonnances qui charmèrent les premiers temps de notre résurrection.

Il faut toutefois signaler la pittoresque aventure que notre Confrère Me Brackers d'Hugo exposait au juge des référés, dès le 31 Octobre 1918. Il fut ainsi l'un des premiers, sinon le premier, à l'appel des causes de la libération. Un lillois mobilisé, revenu à Lille, peut-être avec les troupes anglaises avait, expliquait-il, jeté à la porte de sa maison — le possessif reste imprécis, quant à la personne à laquelle il s'applique — « la demanderesse placée pour garder le mobilier du poilu et protéger la demeure ». Il avait toutefois, à ce qu'il alléguait, conservé le mobilier de la gardienne, et celle-ci, craignant de se voir opposer la théorie de la possession valant titre, se hâtait de demander la restitution de ce qui lui appartenait ou de ce qu'elle prétendait lui appartenir.

*
* *

La procédure de la Chambre du Conseil fut, de beaucoup, la plus suivie et la plus fréquente.

Il fallut, d'abord, en vertu des dispositions de l'article 3 de la loi du 5 Août 1914, pourvoir à la suppléance des officiers publics et ministériels, appelés aux armées. Dès le 14 Août 1914, M. le Président de la Chambre de discipline des Notaires de l'arrondissement, obtenait un jugement qui désignait Me Roure, en remplacement de Me Jacques Ibled, mobilisé. Le 4 Septembre, Me Henri Singer, Greffier du Tribunal de Commerce, était remplacé par Me Fontaine, ancien Greffier dudit Tribunal. Du 5 Septembre au 8 Octobre, furent également désignés les suppléants de MMes Delehelle, Fournier, Philippe, Lefebvre, notaires, et de MMes Blic, Rommès, Gaillard, Caudroy et Desprez, huissiers.

*
* *

Les jugements sur requête se comptent par centaines. Au début, l'on se préoccupa de faits individuels, et c'est ainsi que, le 11 Décembre 1914, était dressé l'acte de décès de M. Dubar, tué au cours du combat de Lesquin. La bataille faisait rage et les dégâts devenaient plus considérables. Le 23 Avril 1915, M. le Procureur requérait qu'il fût procédé à une enquête sommaire en vue de la reconstitution de tous les actes d'Etat Civil de la Commune d'Hallennes-lez-Hauboudin, pour l'année 1914, et que le bombardement avait détruits.

Les décisions se succèdent, les unes de style courant, comme les déchéances de puissance paternelle, rendues malheureusement trop fréquentes par l'inconduite de certaines femmes, mais témoignant aussi du zèle et de la vigilance avec lesquels le Parquet et la Police continuèrent à remplir leur mission protectrice de l'enfance et de la morale publique, les autres nées de la guerre et rappelant par leur originalité le droit prétorien. Je signale, en particulier, les homologations de notoriété, les autorisations de mariage données aux enfants en l'absence de leurs parents, les autorisations accordées aux femmes de vendre, sans le concours de leur mari, ou plutôt à la place de celui-ci, les biens de communauté

Une procédure ingénieuse et pratique se généralisa rapidement. Nombreux, en effet, étaient les évacués partis sans laisser de représentant, nombreuses les sociétés et les industries sans administrateur. Il fallait cependant éviter la prise de possession de tous les immeubles vacants, le vol du mobilier et des marchandises. La Chambre du Conseil fut ainsi amenée à nommer de multiples administrateurs provisoires et judiciaires, qui dressaient immédiatement un inventaire des objets mobiliers et dont l'intervention empêcha souvent l'envahisseur de poursuivre ses déprédations. Dès le 11 Décembre 1914, sur requête de Me Godron, un administrateur provisoire était désigné à la succession Wauquiez et, le même jour, un administrateur judiciaire était nommé à la Société des Établissements Fanchomme et Fauchille, « jusqu'à ce que le Conseil d'administration puisse se réunir à nouveau ». Ce procédé fut jugé si avantageux que, peu après, la Société Électrique des Tramways de Lille-Roubaix-Tourcoing et la Maison Peugeot y avaient recours. Les archives s'encombrent de décisions de ce genre et c'est le meilleur éloge que l'on en puisse faire.

Le Juge civil était-il toujours compétent, notamment lorsqu'il s'agissait de Sociétés Commerciales ? Nous ne voulons pas examiner le problème juridique. Qui ne pardonnerait, d'ailleurs, cette infraction aux règles de l'ordre de juridictions, en présence des excellents résultats de cet empirisme jurisprudentiel ?

*
* *

La procédure civile avait donc conservé tous les éléments de son activité. La pratique juridique avait même connu des préoccupations nouvelles et l'animation restait intense dans ce Palais que la guerre devait respecter.

Heureusement le Greffe de notre Tribunal, sous la direction de M. Descamps, continuait à fonctionner normalement et, pendant que les commis greffiers Massein, Ringoir, Verbaere et Herlémont trouvaient au front une mort héroïque, M. Chrétien — que vous appréciez depuis 33 ans — faisait preuve d'un dévouement que vous n'avez pas oublié.

Le ministère des avoués et des huissiers ne perdit ainsi rien de sa nécessité et les études restèrent ouvertes avec les suppléants que parfois il avait fallu désigner. De nombreuses perquisitions furent cependant opérées et, si la poussière des dossiers découragea souvent la curiosité des policiers, si même les cartons purent dissimuler les objets que l'on voulait soustraire aux réquisitions, le respect des documents ne fut pas toujours assuré. L'étude de Me Lefort connut même l'ordre d'évacuation pour permettre l'installation d'un État-Major, tandis que, de son coté, Me Godron était déporté à Holzminden, où par une curieuse coïncidence, il rencontrait ceux qui occupent aujourd'hui, chez nous, les deux principaux sièges, celui du Président et celui du Procureur, désignés qu'ils avaient été à l'ostracisme par leur fonction de Conseiller et d'Avocat Général.

* * *

On travaille donc à Lille, parmi les nôtres, mais, ainsi que je l'ai dit, d'un travail parfois nouveau et qui, en tout cas, rompait avec les vieux errements procéduriers. C'est ainsi que le livre des voies d'exécution resta fermé pendant cette longue période ; aucune saisie ne fut pratiquée, pas même les saisies conservatoires qui restaient licites de l'autre coté du front.

Le fameux principe de la gratuité de la justice faillit aussi trouver une application presque intégrale non seulement dans une libéralité plus grande dont fit preuve le Bureau d'Assistance judiciaire sous la pression des événements, — les créanciers eux-mêmes n'ayant plus les ressources nécessaires pour poursuivre leurs débiteurs — mais aussi et surtout dans la rédaction sur papier libre de tous les actes de la procédure et dans la fermeture des bureaux d'enregistrement. Le papier timbré et les timbres mobiles avaient disparu ; les services de l'Enregistrement, avaient dès la première alerte, gagné des villes moins exposées, et l'on ressentait d'autant moins la nécessité de les rétablir que le plus clair des recettes fut allé directement aux mains de l'occupant. Les actes portaient donc la mention qu'ils n'étaient « point enregistrés, par suite de suppression momentanée du service ».

Le contribuable ne perdait pourtant rien à attendre, et nos parlementaires, en mal d'argent, ont su, tout en faisant la part des choses, assurer pour le plus grand profit des caisses publiques le recouvrement des impôts que le zèle patriotique et les nécessités de l'heure avaient un moment différé. La loi du 16 Juillet 1921, relative à l'établissement d'un régime transitoire pour la perception des impôts dans les régions libérées, dispose, dans son article 2, qu'un « délai de six mois est accordé pour soumettre aux formalités du Timbre et de l'Enregistrement, les actes authentiques ou sous seings privés, pièces et documents quelconques qui n'ont pu être soumis à ces formalités, entre le

1 Août 1914 et la promulgation de ladite loi, ce dans les territoires envahis ou situés sur la ligne de feu ». Les régions dévastées rentraient ainsi, sauf quelques exceptions, dans le droit commun.

Les circonstances avaient enfin provoqué la fermeture du bureau des hypothèques, au risque des plus graves conséquenses. L'impossibilité des transcriptions pouvait avoir des répercussions insoupçonnées en temps de paix, des répercussions dont jamais le législateur ne s'était douté. Comment, en effet, les dates seraient-elles précisées, en présence de ventes successives ? Comment les femmes mariées, restées seules et sans ressources, pourraient-elles hypothèquer leurs immeubles ? Devaient-elles mourir de faim, malgré la fortune dont le mari leur avait laissé la gestion, sinon en droit et à l'aide d'une procuration régulière, mais en fait ?

A côté de la Chambre Civile, la Chambre Correctionnelle que présidaient alternativement M. Prudhomme et M. Godart, et dont Me Selosse fit très souvent partie, eut un rôle extrêmement chargé ; pendant toute l'occupation, elle tint, chaque semaine, trois audiences.

La recrudescence des délits s'explique aisément. Le chômage forcé s'était trop généralisé pour ne point laisser à l'oisiveté sa mauvaise réputation, et la tentation était d'autant plus irrésistible que les ressources diminuaient chaque jour et que les denrées se faisaient plus rares. N'était-ce même pas faire œuvre pie que de prendre ou de reprendre aux boches les denrées indispensables à l'existence, et comment, dans l'esprit simpliste du peuple ou des gosses à la Poulbot, faire entrer cette distinction entre le vol défendu et le vol patriotique. Au surplus, le nombre des agents était-il restreint, et les malandrins n'ignoraient pas que la police allemande se désintéresserait des méfaits dont les conséquences n'atteignaient que les Français.

Aussi n'est-il point étonnant de lire dans le Bulletin de Lille, du 10 Décembre 1914, cet avertissement, qui ne manque point de saveur et dont nous comprenons mieux la nécessité : « Les voleurs, escarpes et filous de toutes sortes, s'imaginent peut-être que, dans les circonstances présentes, il leur est loisible d'exercer leur talent sans risques. La présente chronique leur démontrera que la police veille toujours et que la justice frappe ». Suivait une alléchante chronique judiciaire reprise dans les numéros du Bulletin de Lille, et à travers laquelle l'esprit fusait sous ces rubriques dont nos journalistes ont conservé le secret et dont nous avons relevé les plus originales : « Nous n'irons plus au bois. L'œil de la cabaretière. Mère malheureuse, mais femme colérique. Pas même avec une fleur. La guerre aux fraudeurs. Allocation sur allocation ne vaut ».

M. le Procureur TESTART et, avec lui, Mr le Substitut MONIER, firent tout leur devoir, en poursuivant implacablement les délinquants. Leur tâche n'était pourtant pas aisée, si l'on songe aux difficultés que rencontraient les magistrats pour la convocation à l'instruction et à l'audience, des témoins du dehors, que des policiers allemands devaient souvent accompagner.

Les espèces dont le Tribunal avait à connaître étaient souvent les mêmes : vols de légumes, de bois, de laine, excitation de mineurs à la débauche, escroquerie aux allocations, falsification du lait et fraudes alimentaires qui provoquèrent la sévérité des Magistrats. Les outrages aux agents de la force publique furent particulièrement nombreux et se manifestèrent sous la forme d'une menace de dénonciation à l'autorité ennemie. De même qu'aujourd'hui on menace le « flic » d'un recours au Ministre ou au Député du cru, de même, il devenait alors de mode d'annoncer à l'agent qui vous arrêtait, que « si l'on allait en prison, il irait lui, à la Mondiale ou à la Citadelle » ;et chacun savait ce que cela voulait dire.

Les espèces n'étaient pas toutes aussi graves ; mais elles avaient parfois le mérite d'une incontestable originalité. L'on vit ainsi comparaître un prévenu sous l'inculpation d'exercice illégal de l'art dentaire « dans des cas de non urgence avérée ». Le 29 Octobre 1915, le Tribunal jugea un homicide involontaire, qui s'était accompli dans des conditions qui laissent croire que les intéressés ignoraient, comme on l'a reproché à beaucoup de l'autre côté du front, que nous étions en guerre et que Lille était envahie. Dans un café du quartier des Halles, deux consommateurs engagèrent un match de genièvre, luttant à qui en absorberait davantage. Le défi ne nous valut aucun champion : chacun avait pu engloutir un demi-litre de Wambrechies. Mais, arrivés à la rue Henri-Kolb, tous deux avaient été victimes du knock-out et étaient tombés frappés de congestion. Le Tribunal correctionnel condamne à un mois de prison et cinquante francs d'amende la cabaretière qui, dans un intérêt de lucre, avait consenti à laisser se réaliser, dans son estaminet, une gageure aussi insensée ! » Les archives révèlent aussi de multiples escroqueries, sous une forme inconnue jusqu'ici et née de la guerre, l'escroquerie aux cartes d'alimentation, ou, si vous le préférez, l'escroquerie aux denrées distribuées par le Comité d'Alimentation du Nord. Aux termes des conventions intervenues, les « rations devaient être réservées aux besoins propres des personnes composant la famille pour laquelle elles avaient été achetées, sur « présentation de la carte de pain ». Mais les besogneux et les malins n'avaient pas tardé à spéculer sur la pénurie des vivres et le trafic de cette manne d'or se généralisa, au mépris de l'arrêté municipal. La rigueur de la justice découragea les plus hardis et les profiteurs de la misère se retrouvèrent à l'ombre de la prison. Celle-ci connut, d'ailleurs, pendant toute la guerre de nombreux pensionnaires et le Bulletin de Lille du 2 Mai 1915 signalait que « l'encombrement de la Maison d'Arrêt allait nécessiter le transfert des détenus à la Maison Centrale de Loos ».

*
* *

La clientèle des délinquants majeurs était nettement concurrencée par celle des Tribunaux pour enfants et adolescents. Les mineurs furent victimes de cette période de troubles, d'autant qu'il manqua souvent à leur éducation l'autorité du père. Les maisons abandonnées, les immeubles bombardés ou incendiés, les jardins devenaient le théâtre de leurs exploits ; le bois, le charbon, les légumes, le sucre, les cigares et le chocolat étaient leurs délices préférées. Le vagabondage et la mendicité ainsi que l'influence des « fonceurs » les rendaient plus audacieux et plus rusés. La justice eut même à s'inquiéter des vols à la tire, commis en 1918, dans les Tramways de Roubaix et Tourcoing, par des gamins qui avaient imaginé de prendre un abonnement pour se livrer plus facilement à ce métier illicite. Le respect de l'autorité avait tout autant disparu, chez eux, que la notion de la propriété individuelle. A chaque audience, le Tribunal eut à juger des mineurs pour outrages aux agents de la force publique ; les bambins avaient naturellement adopté la méthode des adultes, et pratiquaient la menace d'une plainte à l'autorité étrangère.

Les comités de patronage et de protection de l'enfance trouvèrent ainsi un large champ ouvert à leur activité et l'honorable M. Minet, Président de ces œuvres éminemment sociales, donna, avec le concours de M. Isaac Klein, toute la mesure de son généreux dévouement.

*
* *

Le Tribunal de Commerce, présidé par M. Louis Danel, ressentit plus que toute autre juridiction, les conséquences immédiates de la guerre.

Notre région, habituée pourtant au fourmillement de cette activité industrielle et commerciale qui fait d'elle l'une des ruches les plus bourdonnantes de la vie économique, fut frappée en plein cœur par la fermeture de ses usines et l'arrêt de ses transports. Bien rares furent donc les transactions commerciales dont les magistrats consulaires eurent à connaître.

A l'audience du 31 Juillet 1914, le Tribunal avait vidé tous les délibérés. A partir de ce moment, les affaires inscrites furent remises de mois en mois, et la plupart connurent ce sort jusqu'à la fin des hostilités. Cependant, dès 1915, des « expédients » furent « passés », quelques dissolutions de Sociétés furent prononcées et l'audience vit, de temps à autre, sortir une affaire. Les litiges, d'ailleurs, étaient d'autant plus rares que « la plupart des achats et des ventes », comme le constate un jugement du 13 Septembre 1916, « se traitaient au comptant ».

Une difficulté surgit cependant, à propos des marchandises « consignées ». Les allemands avaient interdit le commerce des denrées les plus courantes : sucres, cafés, charbons. Au mépris de l'envahisseur, la vente clandestine s'en opérait quand même et les plaideurs durent, plusieurs fois, solliciter l'intervention du Tribunal de Commerce, au moment du règlement. La tâche des Magistrats n'était point aisée. Une question de preuve se posait tout d'abord. Ce commerce étant interdit, le demandeur avait du négliger, sinon supprimer, toute comptabilité de ce chef et il était bien souvent désarmé devant un débiteur de mauvaise foi. Au surplus, nos Confrères ne manquaient-ils point de plaider la nullité d'un contrat dont l'objet était illicite. Force fut donc au Tribunal de fixer sa jurisprudence. Il le fit le 20 Juin 1916. Un contrat de vente de deux mille caisses de sucre avait été passé en Novembre 1915, avec stipulation d'une clause pénale de 5.000 francs. Le défendeur ayant fait état de l'interdiction, par l'autorité allemande, d'entrer du sucre à Lille, le Tribunal adopta la thèse de la force majeure et débouta le demandeur de ses conclusions. La presque totalité des jugements rendus pendant l'occupation porte sur cette matière, et la jurisprudence ne s'est pas démentie.

Mais, si les plaidoiries étaient rares, les Avocats venaient nombreux aux audiences. Celles-ci se tenaient dans la salle actuelle des faillites, peut-être parce que l'éloquence avait alors besoin de moins d'échos, peut-être aussi pour éviter les allées et venues des policiers allemands, mais surtout pour permettre aux magistrats et aux avocats de retrouver ensemble un peu d'intimité. Le Président DANEL, en effet, avec cette affable courtoisie et cette haute distinction, qui parachèvent toujours l'éminente personnalité des Présidents et des Magistrats Consulaires, présidait là un cénacle d'amis, qui retrouvaient, pour un instant, l'illusion de la liberté et qui goûtaient tout le charme et tout l'abandon d'une conversation faite de souvenirs et d'espérances.

*
* *

L'activité des juridictions qui ne siégeaient pas au Palais, s'était tout autant ralentie.

Le Conseil de Préfecture avait naturellement suspendu ses audiences, l'envahisseur s'efforçant d'ignorer la personnalité de M. le Préfet du Nord, quand il ne songeait pas à lui créer des difficultés ou à lui réserver des brimades. L'honorable représentant du Gouvernement était cependant demeuré une autorité morale incontestable, avec laquelle il fallait compter, et M. MARTIN MAMY rappelle, dans son ouvrage sur l'occupation de Lille qu'il « arriva souvent à notre Evêque d'invoquer la justice divine et au Préfet de parler au nom du droit des gens ».

La Justice de Paix trouva un prétoire dans le local de la Chambre des Notaires et le Conseil de Prudhommes transféra son Secrétariat au Greffe de la rue de Wazemmes.

*
* *

Il résulte donc de ces considérations qu'en union avec le Barreau et de concert avec les Officiers Ministériels, la Magistrature française de notre siège donna, pendant l'occupation, un merveilleux exemple de civisme et de dévouement.

Il n'était cependant pas facile de conserver, au milieu d'évènements si tragiques, une impassible sérénité. Il fallait concilier la fermeté, l'intransigeante dignité, l'attachement aux lois du pays, avec les exigences tracassières de l'ennemi, garder une farouche indépendance, sans afficher une forfanterie inutile, posséder cette volonté raisonnée dont l'apparente pondération fait toute la vigueur profonde. Il était, du reste, prudent de ne pas oublier les policiers en uniforme et les agents de la sûreté, qui surveillaient étroitement le Palais et les audiences, en quête d'un otage éventuel à découvrir.

Ajoutez à cela la nécessité d'être, en des heures si troublées, toute la jurisprudence, puisque les relations étaient suspendues avec la Cour de

Douai, et vous comprendrez les scrupules qui devaient parfois torturer la conscience des Magistrats, soucieux de faire entendre, malgré tout et au-dessus de tout, les imprescriptibles enseignements du Droit.

Cette attitude était trop noble pour ne pas tourmenter l'autorité allemande; mais elle chercha vainement le prétexte d'une intervention. Au mépris des règles les plus élémentaires du Droit International, et malgré les énergiques protestations de M. Delalé, le Parquet et les Cabinets des Juges d'Instruction furent perquisitionnés. Notre Magistrature s'inquiéta; elle se demanda plusieurs fois si elle ne devait pas suspendre le cours de la Justice; mais, sentant que l'envahisseur guettait l'occasion d'imposer à Lille, comme à Maubeuge, un tribunal de son choix, elle fit taire la voix de l'amour-propre devant la grandeur et l'impérieuse nécessité de son devoir. Comme le disait très justement M. Merchier, aux funérailles de M. de Renty, Juge de Paix du 5e Arrondissement, elle continua à « opposer aux prétentions de la force un droit tempéré d'humanité ».

Aussi, le Gouvernement de la République s'empressa-t-il, dès le mois de Décembre 1918, de prouver sa reconnaissance à notre magistrature de l'occupation; il la décora tout entière, en élevant à la dignité de Chevalier de la Légion d'Honneur, ceux qui la représentaient et en qui elle s'identifiait, M. le Président Godart, M. Louis Danel, Président du Tribunal de Commerce et M. Lebeau, le doyen de nos Juges de Paix.

*
* *

Les Allemands n'arrivèrent donc jamais à étendre leur emprise sur la juridiction civile française. Ils se réservèrent pourtant de larges compensations dans leur Tribunal militaire. Ils avaient installé, dans l'immeuble de La Dépêche, un Conseil de Guerre, qui siégeait en permanence, et dont les rigueurs accablèrent nos concitoyens pendant quatre ans.

La compétence de ce Conseil de Guerre s'étendait à toutes les infractions au Code de l'armée allemande comme aux ordonnances et règlements édictés par l'occupant. On voit combien larges étaient ses attributions. Devenaient notamment répréhensibles : « le recel d'un soldat français, l'aide à la désertion des soldats allemands, la détention d'armes ou de pigeons voyageurs, les manifestations lors du passage des prisonniers, le cri de « Vive la France », les correspondances clandestines, l'exportation illicite des marchandises, la négligence à se présenter au Contrôle d'inscription, les infractions aux règlements sur la circulation, la dissimulation d'objets frappés par la réquisition ». Les peines étaient prononcées avec une sévérité particulière et le Bulletin de Lille publiait régulièrement la liste lugubre des condamnés à mort, à la déportation, aux travaux forcés de l'exil, à l'emprisonnement et à l'amende.

*
* *

Les magistrats et les avocats lillois firent l'expérience de cette justice et n'échappèrent pas à sa malveillance. En Avril 1915, M. le Juge Merchier, ayant omis de signer la liste des otages avec sa série, fut condamné, au choix à une amende de 50 marks ou à un emprisonnement de dix jours. Il préféra naturellement un glorieux stage à la Citadelle.

Notre confrère, Me Werquin, connut les affres de l'Instruction et de l'audience. A la fin de 1914, surpris au moment où il recueillait, pour sa famille et ses amis, des notes sur le ravitaillement, il fut renvoyé devant la Cour martiale sous la terrible prévention d'espionnage. Après un interrogatoire de 3 heures, au cours duquel il avait reconnu les faits, il désigna comme défenseur le Bâtonnier Guichard. Les Allemands se refusèrent à ce choix et lui imposèrent l'assistance d'un simple soldat, secrétaire particulier du Général. Le défenseur n'adressa pas la parole à son client, mais signala froidement à Me Guichard que son confrère avait réuni toutes les conditions nécessaires pour être fusillé. Sur les instances du Bâtonnier, un complément d'information fut cependant ordonné. Une perquisition eut lieu au domicile de l'accusé. L'orgueil allemand trouva-t-il quelques satisfactions dans la découverte de volumes et de documents relatifs à la science d'outre-Rhin et qui permettaient de considérer Me Werquin comme un chercheur plutôt que comme un espion? Ou bien celui-ci dut-il son salut à l'intervention de M. Ovigneur auprès d'un officier adjoint au prince de Bavière? Toujours est-il qu'après une nouvelle comparution devant le Conseil de Guerre, il fut seulement condamné à six mois de déportation. C'est à ces témoins oculaires, ou mieux, peut-être, à ces victimes, que nous devons de connaître les détails de la procédure que l'autorité étrangère avait inaugurée.

La méthode que nous retrouvons dans l'instruction et le jugement de toutes les affaires qui vinrent à la barre méconnait tous les principes du droit et n'a rien à enlever au système des juridictions primitives et des tribunaux d'exception. Non seulement les justiciables ignoraient souvent le caractère délictueux des faits dont ils avaient à répondre, mais encore les arrestations étaient généralement la conséquence d'une infâme dénonciation ou d'une calomnie sur laquelle les policiers établissaient leur rapport et menaient directement leur enquête. L'instruction était rigoureusement secrète et l'inculpé n'avait jamais communication de son dossier.

Me Grasseau, avocat à la Cour d'Appel de Poitiers, précise, dans ces termes, les formalités dont se contentait la procédure allemande : « Suivant que la qualification de l'infraction entraînait ou non une peine de la compétence du commandant de place, l'affaire lui était transmise, sinon, elle était déférée à un auditeur militaire. Les fonctions de l'auditeur, particulières aux juridictions militaires allemandes, sont des plus complexes. Il est, à la fois, juge d'instruction, président de fait du Conseil de Guerre et procureur impérial. Si une information lui parait insuffisante, il peut, soit l'achever lui-même, soit renvoyer l'affaire à la police. A l'audience, il dirige les débats, interroge les accusés, prononce le réquisitoire, jusqu'à l'heure de la délibération, le président du conseil de guerre n'a qu'un rôle purement figuratif ». Nous retrouvons, dans ce tableau, tous les arbitraires que nos lois, que notre constitution et que les principes du droit des gens ont toujours combattus.

Au surplus, les audiences n'étaient-elles pas publiques ; les débats avaient lieu en langue allemande et la défense était obligatoirement présentée par un militaire. Cet avocat d'office avait souvent toute l'inexpérience désirable et, connaissant rarement notre langue, il s'inspirait uniquement du dossier qu'il consultait, d'ailleurs, à la dernière minute.

Jugez dans quelles conditions étaient assurés les droits de la défense ! Etonnez-vous, dès lors, que tout accusé fût déjà un condamné et qu'une pareille juridiction ait jeté la terreur dans l'âme de tous ceux qui s'en trouvaient menacés !

C'est un tel Tribunal qui condamna les fusillés lillois. Il ne m'appartient pas de refaire le récit sanglant de ces abominables procès ; vous avez tous à la mémoire l'odieuse parodie de justice que présida le commandant Driesen et qui envoya au poteau Jacquet, Deconinck, Maertens, Verhulst et, quelques semaines plus tard, Léon Trulin.

L'aube rouge qui se leva sur leur exécution s'est illuminée au plein soleil de l'Histoire et cet assassinat symbolisera éternellement pour nous l'ignominie du Tribunal qui l'a ordonné.

*
* *

Les quatre années d'occupation, non plus que les rigueurs du Conseil de guerre et les vexations de toutes sortes n'eurent raison de la volonté patriotique des « gars du Nord ».

Cette flamme de la résistance était entretenue par la haute conscience de ceux qui présidaient à la direction des affaires publiques ; et leur bienfaisante action était largement secondée par la Magistrature et le Barreau.

Sans doute, les rangs des Avocats avaient été décimés par la mobilisation et l'évacuation forcée. Quinze seulement de nos Confrères restaient à la barre sur cent vingt-sept inscrits lors de la déclaration de guerre ; mais leur activité sut parer aux vides que la guerre avait provoqués. Il leur fallut, avec les Magistrats, lutter pour l'intégrité de leur législation et de l'organisation judiciaire ; ils eurent à défendre les traditions d'honneur et d'indépendance de leur Ordre contre un ennemi qui ne tolérait qu'avec peine la liberté de penser. Ils sauvegardèrent ainsi leurs prérogatives et plaidérent régulièrement devant toutes les juridictions nationales ; seul, l'accés du Conseil de Guerre Allemand leur demeura impitoyablement refusé.

Les difficultés se présentaient nombreuses dans l'exercice de la profession. Les policiers surveillaient les audiences, et, fatalement, « les plaidoiries se ressentaient du régime de lourde oppression, qui pesait sur la population ».

Malgré tous les efforts qu'ils faisaient pour réprimer les écarts de langage que pouvaient leur dicter les aspirations intimes du sentiment de la justice, nos Confrères étaient considérés par l'autorité étrangère comme les puissances de l'âme universelle de la résistance et ils furent désignés parmi les notables voués à la déportation.

Me Guichard, Bâtonnier en exercice, fut exilé à Holzminden, le 1er Novembre 1916. La maladie grave, dont il est mort, obligea les allemands à le faire rentrer à Lille, et Me Massart, Bâtonnier désigné par l'élection de Juillet 1914, le remplaça à Holzminden jusqu'au 24 Avril 1917. Me Leroux alla bientôt le rejoindre et, le 6 Janvier 1918, Me Bonduel était, à son tour, déporté à Mylegany, jusqu'au mois de Juillet.

Le Barreau payait donc bien cher son indépendance ; mais il semble que, sous le fouet de la répression, loin de s'affaiblir, cette volonté de liberté se soit affermie. Le Bâtonnat était revenu à Me Selosse. En cette qualité, notre éminent Confrère fut consulté par l'Administration

Préfectorale et Municipale sur la légalité de certains actes de l'autorité occupante. Celle-ci émettait, en effet, la prétention de faire travailler les jeunes gens à la fabrication de claies pour les tranchées et d'ouvrir les coffres de la Recettte municipale. Une réunion se tint à la Mairie. L'honorable Bâtonnier du Barreau de Lille mit toute sa valeur professionnelle et toute sa science du droit international à inspirer à M. DELESALLE l'énergique protestation qu'il devait envoyer à la Kommandantur. Le général répondit qu'il ne tolérait pas semblable discussion et qu'il considérait ces arguments comme une véritable « provocation ». Il demanda le nom du juriste qui les avait suscités et ce fut pour Me SELOSSE la première des nombreuses perquisitions qu'il dut subir. Un officier allemand lui signifia, en même temps, qu'il était placé sous la surveillance de la Haute Police et qu'il devait s'attendre à être envoyé dans un camp de concentration.

Ces nouvelles mesures et ces nouvelles menaces provoquèrent de nouvelles audaces. Un comité de jurisconsules se fonda qui se réunit, chaque semaine, chez Me DELEMER. Sous la présidence du Bâtonnier, Me BONDUEL, Me LEROUX, Me GODRON, Me MARTIN et quelques industriels, étudiaient, à la lumière des conventions internationales, les violations du droit des gens dont les allemands se rendaient coupables. De périlleuses entremises leur apportaient même le texte dactylographié des lois nouvelles, et c'est ainsi qu'à la barre il arriva à nos Confrères de glisser, avec à propos, sur certaines tendances de la législation et de la jurisprudence, des insinuations sur l'origine desquelles le Tribunal ne se méprenait pas.

Nos juristes ne s'en tinrent pas là ; ils rédigèrent un projet de loi sur la réparation des dommages de guerre, projet qui, par les soins de M. DELORY, fut déposé à la Commission parlementaire chargée d'étudier la future loi du 17 Avril 1919. Songer à réclamer le relèvement de nos ruines et proclamer le droit à la réparation quand l'envahisseur s'est installé chez nous, qu'il y reste de longues années et qu'il clame sa certitude de vaincre, quel bel acte de foi patriotique et quelle grande marque de confiance dans le « cran » de la France.

*
* *

Mais, à mesure que s'accumulaient les heurts avec l'autorité ennemie, la destinée semblait se faire plus cruelle pour les avocats et les deuils se succédaient.

Le 2 Novembre 1917, le Barreau et la Magistrature assistaient aux obsèques du Bâtonnier Guichard, dont le Bulletin de Lille saluait « les connaissances juridiques, le don de pénétrante analyse, la parole claire, toujours élégante, parfois véhémente et acérée », et dont la récente nomination, à titre posthume, dans l'Ordre National de la Légion d'Honneur nous a causé la plus légitime fierté.

Me Cuvelier et Me Houdoy disparaissaient à leur tour, ce dernier s'éteignant de privations stoïquement supportées dans la petite chambre où, comme le rappelait sur sa tombe Me Selosse, les allemands l'avaient relégué, sans égard pour son état de santé, ne lui laissant « même pas la paix de l'agonie ». Il n'en fallut pas davantage pour que, par représailles, l'orateur se vit imputer un nouveau crime de lèse majesté.

* * *

Depuis 1914, la mobilisation, l'évacuation, la mort avaient clairsemé les rangs des avocats et les vides n'avaient pas été comblés par l'appoint des jeunes générations.

L'enseignement du droit avait pourtant continué dans les deux Facultés et de nombreux Magistrats et Avocats portaient, entre deux audiences, la toge du Professorat. Les étudiants avaient ainsi grandi et ils étaient impatients d'être admis à l'honneur de revêtir la robe. Mais, les relations avec la Cour étant suspendues, il leur était impossible de prêter leur serment professionnel. Un habile subterfuge, une solution élégante eut raison de cette impossibilité de fait, et une délégation de la Cour de Douai permit au Tribunal Civil de Lille de sacrer la promotion de guerre. A l'audience publique du 2 Août 1918, où siègeaient MM. Godart, Prudhomme et Dejamme, M. le Substitut Monier et Me Selosse demandèrent au Tribunal de recevoir le serment de quatorze Avocats stagiaires. Quelques jours après, neuf autres renouvelaient cette cérémonie et la validité de cette procédure d'occasion fut sanctionnée par le décret du 30 Juillet 1919.

L'armistice était bien proche, où le Palais allait reprendre toute son animation; où, dans l'entousiasme de la victoire et dans la joie du retour, jeunes et vieux pourraient enfin se retrouver comme autrefois, revivre intensément les angoisses évanouies et sourire à la radieuse aurore d'une vie nouvelle, en préparant avec ardeur la reconstitution matérielle et morale de nos régions si durement éprouvées.

* * *

Le Barreau de Lille a donc bien et généreusement fait tout son devoir.

Douze de nos Confrères sont morts au Champ d'Honneur.

D'autres sont revenus avec des blessures et des mutilations que nous devons saluer avec émotion et gratitude.

Les robes aussi se sont empourprées d'un ruban de gloire, qui rappelle les abnégations les plus sublimes et les plus purs dévouements.

L'Ordre s'enorgueillit enfin de tous ceux que DANTON eut appelés « les sentinelles avancées de la Liberté » et qui, pendant la tourmente, ont employé leurs farouches réserves d'énergie à faire jaillir encore des étincelles de justice.

DISCOURS DE Me J. BRACKERS D'HUGO

Premier Secrétaire de la Conférence.

MONSIEUR LE BÂTONNIER,

MESSIEURS,

Au moment où nos travaux vont recommencer, où nous allons ensemble reprendre la difficile étude des problèmes juridiques peut-être voudrez-vous jeter un regard sur une période troublée où les tribunaux, en face de questions imprévues, durent improviser des solutions nouvelles, époque difficile où s'affirma plus que jamais la collaboration étroite qui doit toujours unir l'avocat et le juge dans la recherche de la vérité, l'amour de l'intérêt social.

Cette époque, Messieurs, s'étend de 1789 à 1800, c'est la période des assignats, crise économique redoutable où faillit périr la fortune de la France.

Vous n'ignorez pas, Messieurs, que par une loi du 19-21 Décembre 1789, l'assemblée constituante décréta la création de 400 millions de bons hypothécaires gagés sur la vente des biens d'Eglise. Ces biens étaient vendus en masse aux municipalités qui devaient les revendre au détail.

Ces municipalités n'ayant pas plus de fonds que l'Etat lui même signaient des billets, des engagements à temps. Ces effets étaient gagés sur les bons vendus, les biens leur étaient assignés d'où le nom d'assignat.

Assignat désignait, dans l'ancien droit français, tout immeuble affecté au paiement d'une dette.

Ces bons, une fois remis à l'Etat, servaient à payer les créanciers de celui-ci et circulaient ensuite comme de véritables billets de banque.

Mais les difficultés financières ne furent pas liquidées, les billets furent mal accueillis et l'Assemblée fut obligée comme le Roi de recourir aux expédients. Elle le fut même plus vite car elle dépensait plus.

Un premier décret du 10 Avril 1790 donna cours forcé aux assignats « ils auront cours de monnaie entre toutes personnes dans toute l'étendue du royaume et seront reçues comme espèces sonnantes dans toutes les Caisses publiques et particulières ». Pour qu'il n'y ait point de doute, pour vaincre les dernières résistances un décret du 12, 18 Septembre 1790 permit de payer en assignats les sommes stipulées payables en espèces nonobstant les stipulations contraires des contrats ».

Le bon hypothécaire devenait ainsi un véritable papier-monnaie et les constituants crurent avoir trouvé la pierre philosophale, clef de toutes les difficultés financières. Devant la presse à imprimer toutes les difficultés allaient s'évanouir.

Aussi les émissions se succèdent-elles à Paris comme en ce moment à Berlin. A chaque difficulté, une nouvelle émission.

C'est ainsi qu'au début de la Convention on avait imprimé trois milliards de francs ; en 1794 la circulation atteignait huit milliards. Le Directoire, en trois mois, fabriqua vingt milliards et en Février 1796 quand on brisa sollennellement la fameuse planche aux assignats on allait dépasser le cinquantième milliard.

Enfin, comme si cette frénésie n'était pas suffisante, le marché fut inondé de faux assignats fabriqués en Allemagne et même en Angleterre. Notre vieille ennemie préférait déjà la Bourse aux champs de bataille !

Dans ces conditions vous devinez bien que les cours devaient fléchir, qu'ils devaient même s'effondrer.

En Janvier 1793, un franc or (un franc écu disait-on) valait trois francs papier, en Août 1793 il en valait six.

Le gouvernement, lui-même ne prenait plus les assignats au pair, ils tombèrent à 5 % et même à 1 % de leur valeur nominale. Un assignat de cent francs valait vingt sous.

C'était donc, Messieurs, la faillite générale, tout le monde essaya donc de limiter sa perte ou de trouver un avantage. Les tribunaux furent débordés de procès et c'eut été l'âge d'or pour nos Confrères si les provisions remises au début d'une affaire n'avaient perdu toute valeur au jour du jugement !

Dès les premiers symptômes de la baisse les débiteurs à terme se ruèrent pour rembourser leurs créanciers et bénéficier ainsi des avantages du change comme nous dirions aujourd'hui.

« Jamais, dit un contemporain, on n'avait vu les débiteurs aussi empressés de s'acquitter ».

C'est peut-être à cette époque que fut inventé le célèbre proverbe « qui paye ses dettes s'enrichit ».

Ces libérations s'accrurent avec la chute des valeurs « Ce fut, comme dit Berryer, un véritable torrent de libérations frauduleuses ».

Ce Berryer, Messieurs, est le père du célèbre avocat, il fut avocat lui-même et raconte dans ses souvenirs quelques unes de ces mémorables libérations. En voici une :

Avant la Révolution une terre avait été vendue pour un million cent mille francs. Le prix devait être payé à une nombreuse série de créanciers hypothécaires.

Ces créanciers ne s'entendaient pas, on plaida longtemps sur leurs rangs respectifs et l'acquéreur réussit à ne pas consigner son prix.

En l'an III les assignats valaient le vingtième de leur taux nominal.

L'acheteur paya son prix et acquit pour 55.000 fr. une terre de plus d'un million. Malgré les protestations des créanciers pareille libération fut déclarée valable.

Dans une autre espèce il s'agissait de l'achat du Théâtre de la République (ancien Théâtre Français). Le prix prévu était de deux millions en assignats. Une contestation survint sur un détail et quand le procès fut jugé, les deux millions valaient à peine quatre cent mille francs.

Berryer raconte même que la durée du procès fut augmentée par une question de procédure. Un acte qui devait être donné en copie fut donné en extrait, d'où nullité. L'incident fut la perte d'environ cent mille francs.

En cette bonne époque, les remises coûtaient cher.

Dans toute cette époque, les tribunaux s'efforcèrent d'appliquer les textes et jamais on ne sentit plus fortement la nécessité de juger et de bannir l'équité.

Qu'est-ce en effet, Messieurs, que l'équité ? N'est-ce pas la fantaisie ? L'arbitraire ? Sur quoi repose-t-elle ? Qui la formule, qui la contrôle ? Qui peut se flatter de la posséder et surtout qui peut répondre d'apprécier l'équité comme son voisin ?

Dans les espèces soumises qu'aurait donc pu donner la méthode d'équité ?

Etait-il équitable de forcer le vendeur à recevoir au jour du paiement un assignat diminué ?

Mais était-il équitable de forcer l'acheteur à payer plus que le prix réellement porté au contrat, à subir la dépréciation d'une somme qu'il avait réellement entre les mains ?

Chacune des parties pouvait invoquer l'équité et les tribunaux comprirent qu'ils devaient en faire abstraction pour appliquer l'équité supérieure, les principes du droit.

Ainsi la Cour, ou plutôt le Tribunal de Cassation, à ses débuts condamna formellement la pratique usitée au Tribunal de Paris qui voulait condamner les débiteurs récalcitrants à payer la différence entre le cours du jour de l'exigibilité et le cours du paiement (arrêt du 5 Frimaire an II).

Mais, dans un autre arrêt, elle déclarait que les lettres de change payables en monnaies étrangères seraient valablement soldées en assignats, sans tenir compte du change (arrêt du 5 Octobre 1793).

C'était interpréter de façon trop étroite la loi du cours forcé, c'était se montrer esclave de formules, violer l'intention manifeste des parties. Mais les procès étaient si nombreux, si complexes que la cour suprême elle-même pouvait bien hésiter : quandoque bonus dormitat Homerus.

D'autres arrêts nous montrent des propriétaires exigeant le paiement de leur loyer en or (10 Prairial XII), des maris payant en papier les reprises de leur femme, des avancements d'hoirie faits en assignats forts remboursés en assignats dépréciés !

On vit à ce moment des espèces étranges, amusantes même, qui nous reposeront un instant de ces hautes spéculations.

Un sieur B......, valet d'un gentilhomme, suivait son maître dans l'émigration. Tous deux allaient traverser la frontière quand survint une patrouille ; le gentilhomme prend le galop, essuie la fusillade et passe !

« Le passage du maître, dit Berryer, s'était effectué sans incidents. Il n'en avait pas été de même de celui du valet de chambre qui avait craint la fusillade : il avait rebroussé chemin vers l'intérieur, cet expédient étant sans danger pour lui, roturier. Il avait seulement oublié que les sacoches du propriétaire émigrant étaient restées derrière son cheval.

Plus tard, ne sachant à qui les rendre sans courir le risque de se compromettre, il était venu à Paris en échanger le contenu contre des assignats. Il paraît qu'il s'en était procuré une abondante collection... ». C'était déjà la reprise individuelle.

Le piquant c'est que plus tard notre honnête homme prit le titre de comte, acheta le palais du prince de Salm et se ruina comme un grand seigneur. Peut-être finit-il par émigrer lui-même.

Mais il en est une autre qui vaut tout un poème, il s'agit d'un médecin.

Ce médecin, bien qu'uni à deux de ses confrères, avait réussi à guérir un puissant financier, le célèbre Cerfbeer ; la guérison obtenue, les Cerfbeer qui, dit mon auteur, étaient des gens fort honorables, s'étaient empressés de réunir les médecins pour régler leurs honoraires.

Ces honoraires furent fixés à 150.000 francs assignats pour chacun, soit : 12.500 francs en écus.

Notre médecin, Messieurs, crut que soigner un financier initiait à la bourse et au lieu de changer son papier en livres ou florins, il le garda précieusement en attendant la hausse.

Les assignats baissèrent, devinrent des mandats territoriaux puis des papiers sans valeur.

Alors était entrée dans sa tête l'idée extraordinaire de s'en prendre aux Cerfbeer qui ne l'avaient, disait-il, payé qu'en mauvaise monnaie. Il était allé leur réclamer précisément les 12.500 francs écus qu'il avait perdus.

Il fit le procès et réclama 12.500 francs en écus, aux offres de restituer les assignats.

Cet homme universel vint plaider en personne, détailla ses visites, ses ordonnances et de leurs résultats successifs, description, dit Berryer, tellement inconvenante que les juges avaient été forcés de l'interrompre pour qu'il s'en tint à ses moyens de droit.

Berryer plaidait contre lui. Sa plaidoirie fut courte : le hasard m'avait procuré une des cartes de visites que le docteur faisait répandre dans Paris, pour se mettre en réputation. Je l'exhibai à l'audience et donnai lecture de son contenu.

Elle portait au recto « Medicis in morbis totus proponitur orbis morbo redecende mox medicus jugit a mente » (Pendant la maladie le médecin se voit proposer le monde, après la guérison, on l'oublie), à la suite, en français : « le Docteur D...... se transporte chez les malades, même la nuit, pourvu qu'on lui envoie une voiture et un honoraire de 107 ».

Au verso de la carte on lisait « Accipe quando dolet, quia sanus solvere nolet » (Fais payer ton client pendant qu'il souffre, une fois rétabli, il ne te donnera plus rien), et plus bas l'adresse du docteur.

Un fou rire, à cette lecture, s'était emparé de l'auditoire, il n'avait cessé que par le prononcé du jugement qui déclarait le médecin non recevable.

Voyez à quelles aberrations portent les cours du change.

Pendant tout ce temps le législateur intervenait, multipliait les lois, édictait des peines, mais il ne brisait pas la planche aux assignats.

La loi du 25 Messidor III, époque des assignats à 5 %, défendit de rembourser les rentes, des lois de Frimaire IV étendent la solution à toutes les dettes.

On plaida sur ces lois, on admit tout d'abord la validité des conventions contraires (arrêt du 3 Messidor X).

L'incertitude ne cessa point, la spéculation non plus.

Les créanciers imaginèrent d'insérer dans leurs quittances des réserves qui permettaient d'invoquer le nouveau texte. Ils jouaient donc à coup sûr, ratifiant au cas de hausse, annulant au cas de baisse. Semblables pratiques ne furent définitivement condamnées que par un arrêt du 3 Messidor X.

On spéculait toujours, certains assignats faisaient prime, les plus anciens montaient, les plus récents baissaient, les faux se multipliaient, le marché s'affolait.

Les douanes elles-mêmes souffraient, car les changes officiels retardaient sur les cours réels, le trésor recevait des effets dépréciés.

Le tarif protecteur des cotons était de 15 %.

L'effet du papier monnaie le réduisit à 1/2 %, les usines fermèrent, des milliers d'ouvriers sans travail descendirent dans la rue tous prêts pour une émeute.

Les impôts ne rentraient plus et l'on y suppléait par de nouvelles émissions. Le papier ne valait plus rien.

A cette époque, l'entretien d'un détenu coutait deux mille francs par jour. Assurément, c'était un traitement magnifique, mais en fait cela représentait quarante sous pour quatre, dix sous par tête et par jour.

Vers Mars 1796, conte un de ces détenus, le duc de Montpensier, nous pétionnâmes les administrateurs pour obtenir quoique ce fut en numéraire. Ils répondirent qu'ils ne pouvaient donner que des assignats, qu'ils en donneraient tant que nous voudrions mais pas un sou sonnant.

N'est-ce pas le geste de TCHICHERINE ? Celui-ci voulant payer sa note d'hôtel à Gênes tendait une presse à roubles et disait à l'hôtelier : « Tirez en tant que vous voudrez ».

Rien ne paraissait pouvoir arrêter la débacle. Vainement punissait-on de mort le fait de ne pas prendre les assignats au pair.

Le Ministre de la Guerre lui-même violait la loi. Il créait au Ministère une commission spéciale chargée de solder les fournisseurs étrangers. Et l'on ne payait certes pas au pair !

« Nous fîmes, écrivait Berryer, non sans quelque inquiètude la liquidation de plusieurs indemnités. Alors les décrets qui avaient frappé de mort quiconque dépréciérait la valeur monétaire des assignats n'étaient pas encore rapportés. S'ils étaient tombés en désuétude dans les derniers moments où la convention luttait contre les sections de Paris ils pouvaient à chaque instant être remis en vigueur ».

Malgré tout on consacrait officiellement la ruine des assignats et bientôt une loi de l'an 5 admettait une échelle de dépréciation variable selon les départements.

C'était une sorte de barême fixant aux assignats un cours officiel comparé à celui de l'argent.

Il ne restait plus qu'à fermer les écluses, la planche aux assignats fut brisée en grande pompe.

Ces procès, vous le pensez bien, ne furent pas éteints pour cela, on en jugeait encore en 1817. Mais la grande crise était passée.

Nous vivons maintenant une crise analogue, nous avons vu le bénéficiaire d'une police d'assurance tripler le capital en faisant présenter la quittance à Bâle au lieu de Paris. (Tribunal de la Seine 15 Juillet 1921).

Nous avons vu les créanciers anglais réclamer la différence entre la livre actuelle et son cours d'avant guerre. (Jugement du 21 Juillet 1920).

Ces mêmes effets procèdent des mêmes causes, le cours forcé, la planche aux assignats, l'inflation, disons le mot vrai, la fausse monnaie.

Ces phénomènes, Messieurs, ont soulevé et soulèveront encore de difficiles questions. Dans notre cabinet, dans le prétoire, nous retrouverons les problèmes connus de nos devanciers.

Dans la crise précédente le barreau a fourni des juges, des arbitres, des conseils. Il a collaboré aux décisions de principe, aux réformes législatives. Il en sera de même aujourd'hui.

L'Ordre a derrière lui un long passé, il a traversé bien des périls et pourtant jamais on y recourut en vain, toujours il a fourni les hommes nécessaires.

Attaché aux traditions qui sont notre sauvegarde il s'est transformé quand il l'a fallu, chaque époque a son type et ce type pourtant est éternel.

Soyons fiers, Messieurs, d'entrer en pareille compagnie, et si telle renommée nous écrase nous n'en pouvons pas moins dire avec le sage « L'amour de son état est le premier des biens ».

DISCOURS DE M. LE BÂTONNIER BALAVOINE

MESSIEURS,

MES CHERS CONFRÈRES,

Vous venez de voir passer sous vos yeux le tableau pittoresque ou douloureux de notre vie professionnelle, en des moments troublés de l'histoire de notre pays. Me permettrez-vous de raconter brièvement notre vie de tous les jours, en des temps où le Barreau de Lille, comme les peuples heureux, n'avait pas d'histoires, et de glaner, dans l'expérience de nos aînés des conseils restés excellents, et toujours opportuns ?

Du Déluge, je passerai à la Révolution, car, de l'ancien Régime, les archives de notre Barreau ne gardent aucune trace. Mais il n'est pas sans intérêt cependant de retenir les appréciations que Patou, au XVIIIe siècle, énonçait à l'égard de notre profession dans ses commentaires sur la coutume de la Ville et de la Châtellenie de Lille : « C'est un état honorable, disait-il, que celui de postuler dans les Tribunaux ». L'exercice de leur profession donnait aux avocats, comme aux conseillers de Ville ou du Prince, aux docteurs et professeurs publics, médecins, évêques, curés, prêtres et capitaines, le privilège d'être affranchis de la tutelle légitime du père, au même titre que s'ils étaient mariés ou émancipés. Ils étaient honorés de la qualité de nobles et exemptés de toutes sortes de charges et d'impositions, tant réelles que personnelles. « Leur profession, disait Patou, étant d'assister tout le monde par leurs conseils, par leurs écrits et leurs paroles, il n'y en a guère de plus importante dans la société civile, ni en même temps de plus distinguée ».

Moins favorisés étaient les procureurs, ces ancêtres de nos avoués, les lieutenants, enseignes, diacres, sous-diacres, licenciés, marguilliers et notaires, qui ne jouissaient pas de « l'état honorable à l'effet d'émanciper ». « Ces états, disait Patou, n'ont rien de fixe ni de distingué, et ce sont plutôt des moyens et degrés pour parvenir à un état honorable ».

La coutume d'alors se montrait bien sévère au regard des

procureurs. Les avocats méritaient-ils sa bienveillance ? Si la satire les dépeignit souvent sous des aspects peu flatteurs, Voltaire a dit en parlant d'eux : « J'aurais voulu être avocat, c'est le plus bel état du monde ». Et pour nous, mes chers Confrères, le témoignage de Patou ne nous suffit-il pas ?

L'Ordre des avocats de Lille fut, comme tous ceux de France, supprimé par le décret des 2-11 Septembre 1790. L'abolition de l'Ordre, des règles disciplinaires, livra les Tribunaux à l'intrusion de défenseurs plus tarés quelquefois que les inculpés qu'ils prenaient charge de défendre. Aussi l'Ordre fût-il bientôt reconstitué, par la loi du 22 ventôse an XII et le décret du 14 Décembre 1810. Le 26 Décembre 1816, le Procureur du Roi convoquait les vingt-quatre avocats résidant à Lille, et leur donnait lecture d'un arrêté du Procureur Général près la Cour Royale de Douai, par lesquel ces avocats étaient invités à désigner des candidats parmi lesquels le Parquet Général choisirait le bâtonnier et les membres du Conseil de discipline : le barreau reconstitué était mis sous la dépendance entière de l'autorité judiciaire.

Croyez bien cependant, mes chers Confrères, que cette subordination fut toute apparente, grâce aux rapports d'extrême courtoisie qui s'établirent entre la magistrature et le barreau. Le 10 Août 1821, Me Artaut, Bâtonnier, ayant demandé au Procureur Général l'autorisation de réunir l'Ordre pour procéder au renouvellement du Conseil de discipline, reçut la réponse suivante, qui remplirait de confusion votre Bâtonnier actuel : « Monsieur, j'ai reçu la lettre que vous m'avez » fait l'honneur de m'écrire le 9 de ce mois. La demande que vous y » faites de réunir votre ordre pour procéder au renouvellement du » Conseil de discipline a un but trop utile et se trouve trop » formellement dans le vœu de la loi pour que je puisse vous la » refuser. Je m'empresse en conséquence de vous adresser l'autorisation » que vous désirez et que j'accorde bien volontiers par la présente. » J'ai honneur d'être, avec ma très parfaite considération, Monsieur, » votre très humble et très obéissant serviteur ».

Jusqu'en 1830, les Barreaux de France vécurent sous l'empire du décret de 1810, c'est-à-dire sous la tutelle de l'autorité judiciaire. Mais, comme le fit remarquer l'un de nos confrères du Barreau de Paris dans une étude historique de la profession d'avocat, « par cela même qu'un barreau régulier existe, il ne peut manquer, par l'honorabilité, par l'indépendance du caractère, par la nécessité des choses, par l'influence des mœurs plus fortes que les lois, par l'opinion même des magistrats éclairés, de conquérir la liberté nécessaire à la pleine discussion qui seule confère aux décisions de justice leur pleine autorité ». Et l'ordonnance du 27 Août 1830 rendit aux avocats inscrits au tableau l'élection du Bâtonnier et des membres du Conseil de discipline. Me ARTAUT, bâtonnier désigné depuis dix ans par le Procureur Général, puis par le Tribunal civil au cours d'une période où, le Barreau ne comptant plus vingt avocats, le Conseil de l'Ordre avait disparu, fut cette fois l'élu de ses confrères. Il le fut jusqu'en 1835. Ce record de durée ne parait pas avoir été dépassé depuis lors !

Si l'on en croit nos archives, l'Ordre, depuis sa reconstitution, vécut dans une parfaite paix intérieure : pendant plusieurs années même, il n'y eut aucune réunion du Conseil.

Quelques légers nuages cependant, ainsi qu'en témoigne par exemple la lettre du Procureur Général au Procureur du Roi, du 23 Mars 1823, précisant que sa Grandeur le Garde des Sceaux lui a fait savoir que les avoués ne peuvent plaider dans les affaires par défaut, quoi qu'ils en pensent ; ils ne peuvent qu'assister l'avocat pour conclure, l'affaire appelée devant être expliquée par celui-là seul qui a le droit de se livrer à la plaidoirie. D'ailleurs, vite réconciliés, avocats et avoués unissent leurs efforts pour obtenir que leur soit accordée une salle destinée particulièrement à leur usage commun. Le petit groupe des avocats de Lille en 1823 ne pouvait pas prévoir que, cent ans plus tard, leur nombre atteindrait 150. Il eut alors demandé, et sans doute obtenu, en ces temps heureux, des locaux plus spacieux que ceux qui leur furent accordés, évitant ainsi aux bâtonniers qui se succédèrent plus tard, de solliciter inlassablement et d'ailleurs sans succès, l'agrandissement de leur salle de Bibliothèque.

En 1858, voici que les avocats de Lille sont alertés par une nouvelle inquiétante. Sur injonction du Procureur Général, les gardiens de la prison ne doivent désormais laisser communiquer les détenus avec qui que ce soit, même leurs conseils, que sur le vu d'un permis émanant du Parquet : des difficultés de cet ordre seraient-elles de tous les temps? A l'époque dont je parle, il semble toutefois qu'il suffit d'un échange de lettres entre le Procureur Général et le Bâtonnier pour que le conflit s'arrangeât le mieux du monde.

Les archives de notre barreau ne révèlent pas la répercussion que purent avoir sur lui les événements historiques du siècle dernier, ni la part qu'il y pût prendre. Il faut arriver à la Guerre de 1914 pour le voir décimé par la mort glorieuse des meilleurs de nos jeunes confrères et de son bâtonnier, otage de l'ennemi.

C'est ainsi qu'à travers cent ans de son histoire, le Barreau de Lille remplit ses destinées sans connaître les abaissements qui avilissent tant d'institutions humaines. Parmi le désarroi de « l'après-guerre », il aura à honneur de maintenir les mêmes traditions qui furent sa règle stricte au cours des années passées.

Est-ce à dire qu'il refuse de vivre avec son temps ? Assurément non. N'a-t-il pas accueilli avec le plus confraternel empressement les avocates qui sont venues parer de leur grâce féminine l'austérité de notre vieux Palais ? Chez lui, comme chez les autres barreaux de France, la profession d'avocat a évolué, subissant les nécessités de la vie moderne: l'allure des plaidoiries s'est modifiée, une plus active utilisation du temps a remplacé les longs débats ; aux développements amples, harmonieusement balancés, ont succédé la concision et la clarté, considérées désormais comme qualités maîtresses.

Et cependant, sur nous le temps n'a guère de prise ; il laisse intacts le côté général et humain de notre profession, ses traits essentiels. C'est pourquoi, mes jeunes confrères de la conférence, si vous me demandiez ce que doit être un avocat, je pourrais vous répondre avec Patou : « Qu'outre la probité et la prudence qui sont des qualités morales, il faut, pour être bon avocat, avoir de l'esprit, du jugement et de la mémoire, qualités essentielles qui doivent être accompagnées de la connaissance des lois, coutumes, ordonnances et études des auteurs ». Avec cela vous pouvez être assurés de fournir une brillante carrière.

Mais, pour acquérir ces vertus et cette science, le jeune avocat doit se soumettre à une discipline rigoureuse, s'assujettir à l'observance de certaines règles qui lui semblent pure contrainte, alors qu'elles n'ont en vérité pour but que de le former à la profession.

L'ordonnance réglementaire du 20 Novembre 1822 imposait aux stagiaires, agés de moins de 22 ans, de ne plaider ou écrire dans aucune cause qu'après avoir obtenu de deux membres du Conseil appartenant à leur colonne, un certificat d'assiduité aux audiences. Plus tard, le conseil de l'Ordre des Avocats de Lille, le 18 Décembre 1845, invitait les stagiaires à assister assidument aux audiences, et il ne considérait pas comme satisfaisant à cette invitation, les avocats stagiaires qui ne se présentaient pas, au moins une fois par semaine, à une audience civile et en robe, afin de témoigner de la qualité en laquelle ils y assistaient.

Il est curieux de constater qu'un siècle plus tard, ces mêmes prescriptions nous furent rappelées : le décret de 1920 oblige les stagiaires à la fréquentation assidue des audiences ; il les soumet à une stricte discipline ; en pratique son application leur impose la charge de l'assistance judiciaire, et, par là même, leur confère l'honneur de consacrer leur jeune talent à la défense des malheureux. N'oublions pas que la première délibération du conseil de l'Ordre reconstitué, le 28 Décembre 1816, eut pour but d'instituer un bureau de consultations gratuites. Et le 22 Avril 1819, les avocats de Lille réunis en assemblée générale disaient excellemment en s'adressant au Procureur du Roi « qu'ils étaient pénétrés de la noblesse de leur profession ; qu'ils ne s'écarteraient jamais de la probité, de la délicatesse et du désintéressement qu'on doit attendre d'eux, et qu'ils seraient toujours disposés à exercer leur ministère pour défendre les malheureux soit devant les tribunaux ordinaires, soit devant les conseils militaires, toutes les fois qu'ils n'en seront pas empêchés par des raisons indépendantes de leur volonté ».

Cette continuité dans les traditions de droiture professionnelle et de généreux désintéressement ennoblit notre profession d'avocat.

Ouverte à tous, elle façonne nos énergies, car nul n'y doit qu'à lui-même, à sa chance, à son talent, comme le remarquait un ancien bâtonnier ; indépendante du pouvoir et de l'opinion, elle favorise le libre essor des plus nobles facultés de l'esprit ; inclinée vers les plus grandes détresses et les pires défaillances, elle ouvre en nous les sources de la pitié.

Il n'est point besoin d'en dire davantage pour comprendre à quel point elle peut être aimée. La preuve en est, mes chers Confrères, dans notre nombreuse réunion d'aujourd'hui, dans l'entrain avec lequel vous avez participé à l'organisation de votre Conférence, et dans l'éclat que donne à cette séance solennelle de rentrée, la présence de nos plus hauts magistrats.

Lille Imp. L. Danel.

www.ingramcontent.com/pod-product-compliance
Ingram Content Group UK Ltd.
Pitfield, Milton Keynes, MK11 3LW, UK
UKHW022154170726
13837UKWH00004B/1993

9 782329 202839